Analyse de l'œuvre

Par Marie Chabin

L'Art d'être grand-père

de Victor Hugo

lePetitLittéraire.fr

Analyse de l'œuvre

Par Marie Chabin

L'Art d'être grand-père

de Victor Hugo

lePetitLittéraire.fr

Rendez-vous sur lepetitlitteraire.fr et découvrez :

Plus de 1200 analyses
Claires et synthétiques
Téléchargeables en 30 secondes
À imprimer chez soi

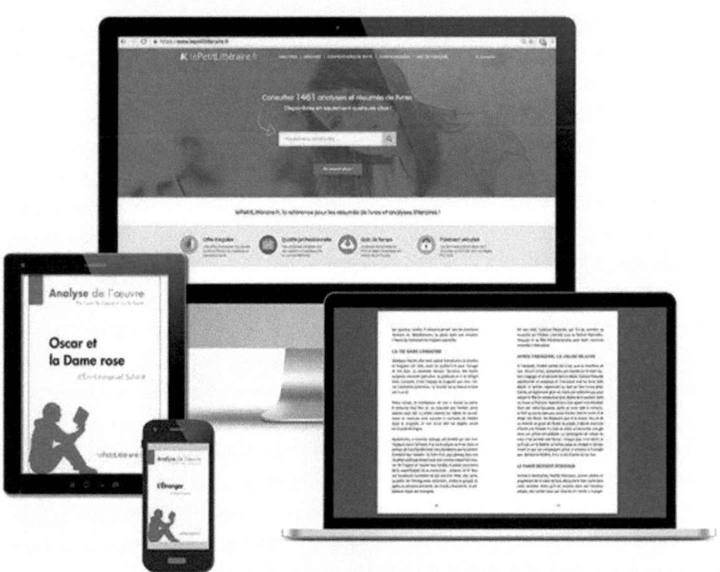

VICTOR HUGO

POÈTE, ROMANCIER ET DRAMATURGE FRANÇAIS

- **Né en 1802 à Besançon**
- **Décédé en 1885 à Paris**
- **Quelques-unes de ses œuvres :**
  - *Hernani ou l'Honneur castillan* (1830), pièce de théâtre
  - *Les Contemplations* (1856), recueil de poésie
  - *Les Misérables* (1862), roman

Monument de la littérature française, Victor Hugo nourrit son œuvre artistique et mène ses combats politiques en puisant largement, dès ses débuts, dans les événements et les drames ponctuant sa vie personnelle. Ses thèmes de prédilection et son style lyrique, en rupture profonde avec les codes classiques de l'époque, font de lui le chef de file de l'école romantique. Marié très jeune à Adèle Foucher, il aura cinq enfants dont un seul lui survivra. La mort accidentelle de sa fille Léopoldine en 1843 le laisse inconsolable.

Après s'être opposé au coup d'État antidémo-cratique de Louis-Napoléon Bonaparte en 1851, Victor Hugo passera près de vingt années en exil, d'abord à Jersey puis à Guernesey où il écrira avec une ardeur renouvelée. De retour en France, marqué par une série de deuils, mais toujours très actif, il est victime d'une congestion cérébrale et mourra quelques années plus tard, en 1885, sans jamais avoir cessé de faire entendre sa voix. Plus de deux millions de personnes se sont déplacées pour lui rendre un dernier hommage lors de ses funérailles nationales.

L'ART D'ÊTRE GRAND-PÈRE

LE TESTAMENT POÉTIQUE

- **Genre :** recueil de poésie
- **Édition de référence** : *L'Art d'être grand-père*, Éditions Mille et une nuits, 1996, 183 p.
- **1re édition :** 1877
- **Thématiques** : enfance, vieillesse, sagesse, nature, lyrisme, spiritualité

Dans ce dernier recueil de vers publié de son vivant, Victor Hugo convoque ses deux petits-enfants, Georges et Jeanne, pour louer le monde de l'enfance, synonyme à ses yeux de pureté et d'innocence. Le poète est rentré au pays depuis 1870, après une longue période d'exil.

Au sommet de sa renommée, il se sait aussi au crépuscule de sa vie. À travers ces poèmes à la fois intimes et universels, riches en représentations métaphoriques, il déploie toute sa puissance lyrique pour aborder les thèmes qui lui sont chers.

En effet, au-delà du regard émerveillé que porte l'aïeul sur ses « marmots triomphants », Hugo distille au fil du recueil des messages politiques et philosophiques visant à asseoir le rôle du poète au sein de la société. *L'Art d'être grand-père* jette ainsi un pont entre le passé et l'avenir, à la fois incertain et porteur d'espoir.

RÉSUMÉ

LE TITRE

À la mort de son fils Charles en 1871, Victor Hugo prend en charge l'éducation de ses deux petits-enfants, Georges et Jeanne, qu'il accueille avec leur mère à Guernesey au cours de l'été 1872 avant de s'installer avec eux à Paris lorsqu'il rentrera d'exil, deux ans plus tard. Ces circonstances tragiques lui donnent l'occasion d'investir pleinement son rôle de grand-père.

Bien plus qu'un simple statut familial, le poète y voit tout un « art ». Pas tant au sens qui réduirait la fonction d'aïeul à un métier, à un ensemble de compétences techniques acquises grâce à la théorie et à l'expérience, mais plutôt au sens noble du terme, à savoir des aptitudes naturelles qui s'abreuveraient aux sources de la tendresse, de la bienveillance et de l'amour, comme il l'énonce dans « Le syllabus » : « Vous semblez aujourd'hui, mes tremblants petits anges,/Me redouter un peu ; /Pourquoi ? c'est ma bonté qu'il faut toujours attendre,/Jeanne, et c'est le devoir de l'aïeul d'être tendre/Et du ciel d'être bleu. »

Si Victor Hugo assume sans honte sa faiblesse et son impuissance devant « ces chers petits », le titre du recueil laisse toutefois entrevoir le rôle de guide et de pédagogue qu'il se plaît à endosser entre deux promenades au zoo, deux veillées sur le berceau, à travers des textes moins personnels, porteurs de messages universels tels que celui délivré dans « Fraternité » :

« Je rêve l'équité, la vérité profonde,/L'amour qui veut, l'espoir qui luit, la foi qui fonde,/Et le peuple éclairé plutôt que châtié. »

ORGANISATION DU RECUEIL

Le recueil se compose de dix-huit sections de longueurs très inégales, portant chacune un titre et comprenant elles-mêmes une ou plusieurs pièces.

Tel un mantra ressurgissant à intervalles réguliers entre les pages du recueil, « Jeanne endormie » vient incarner en quatre volets plusieurs sujets chers à Victor Hugo : le rêve, l'apaisement et la contemplation.

Les titres des différentes sections désignent un lieu (À *Guernesey* ; *Le poème du Jardin des*

Plantes), une thématique (*La lune ; Enfants, oiseaux et fleurs*) ou encore une figure symbolique (*L'Immaculée Conception ; L'épopée du lion*).

Intitulée « À Guernesey », la première section s'ouvre sur « L'exilé satisfait » dans lequel Hugo chante les vertus de l'exil et de la solitude, fût-elle contrainte. Il faut attendre le troisième poème pour que sa petite-fille Jeanne entre en scène dans un texte court ressemblant par sa forme au balbutiement enfantin qu'il décrit.

La dernière partie, « Que les petits liront quand ils seront grands », conclut en ouvrant une porte sur l'avenir que le poète entrevoit plus juste, plus lumineux.

D'apparence éclatée, la présentation du recueil reflète en réalité une structure comparable à celle d'un cahier d'écolier dans lequel se côtoieraient poèmes, exercices d'écriture, fables, chansons et leçons de morale.

THÉMATIQUES

Comme nous l'avons évoqué précédemment, *L'Art d'être grand-père* peut être qualifié de testament poétique et reprend à ce titre plusieurs thèmes omniprésents dans l'œuvre hugolienne. Ces sujets émanent tantôt de la vie personnelle du poète, et plus particulièrement des deuils et des drames qui l'ont affecté, tantôt du contexte politique et social mouvementé dans lequel Hugo évolue. La spécificité de ce recueil réside toutefois dans la transcendance de ces thématiques : le poète se détache de la description de la sphère intime pour toucher à l'universel.

Au-delà de l'immense tendresse exprimée par le poète pour ses petits-enfants dans la plupart des poèmes, on peut citer parmi les principales thématiques :

- **L'enfance**, symbole de pureté et d'innocence. Au fil des poèmes dédiés à Jeanne et à Georges, Hugo nous dépeint les enfants comme des êtres purs, parés de mille vertus. Ainsi dans « Georges et Jeanne » :

> Les enfants chancelants sont nos meilleurs appuis
> Je les regarde, et puis je les écoute, et puis
> Je suis bon, et mon cœur s'apaise en leur présence ;
> J'accepte les conseils sacrés de l'innocence.

Ou encore dans « Jeanne endormie » :

> Apaisement sacré ! ses cheveux, son haleine,
> Son teint, plus transparent qu'une aile de phalène,
> Ses gestes indistincts, son calme, c'est exquis.

Plus généralement, l'enfant est décrit comme un cadeau du ciel qui, tout juste sorti du paradis, tutoie encore les anges. Dans « Les enfants pauvres », Hugo écrit :

> Les enfants sont, avant de naître,
> Des Lumières dans le ciel bleu.
> Dieu nous les offre en sa largesse ;
> Ils viennent ; Dieu nous en fait don ;
> Dans leur rire il met sa sagesse
> Et dans leur baiser son pardon.

- **La nature dans tous ses états**. Oiseaux, animaux, océan, arbres, fleurs, gazon discipliné ou ronces envahissantes, la nature habite une grande partie du recueil. Elle est là qui palpite, consolatrice (« Quoi ! le mal est partout ! Je regarde une rose/ Et je suis apaisé. »), festive et sensuelle dans « Laetitia rerum » (« On voit rôder l'abeille à jeun,/ La guêpe court, le frelon guette ; / À tous ces buveurs de parfum/ Le printemps ouvre sa guinguette. ») et parfois effrayante dans « Le poème du Jardin des Plantes », IX (« La face de la bête est terrible ; on y sent/ l'Ignoré, l'éternel problème éblouissant/ Et ténébreux que l'homme appelle la Nature ; »)

- **Le rêve**. Penché au-dessus du berceau de « Jeanne endormie », le poète revendique le droit au songe et à la rêverie. Délesté des contingences terrestres, l'esprit s'échappe et se ressource – dans le sommeil pour l'enfant endormi et dans la méditation pour le grand-père absorbé dans sa contemplation.
- **L'ombre et la lumière**. L'œuvre hugolienne se régale de contrastes et d'antinomies : beauté des enfants et laideur de certaines créatures animales, jeunesse et vieillesse réunies dans « Grand âge et bas âge mêlés », aurores et crépuscules... Cette vertigineuse valse des contraires est présente dès le premier poème, « L'exilé satisfait » (« J'ai tant vu la laideur que notre beauté montre,/Dans notre bien le mal, dans notre vrai le faux,/Et le néant passant sous nos arcs triomphaux »)
- **Un Dieu sur mesure**. Les apôtres et les anges, l'Immaculée Conception, le paradis, l'enfer, la

prière : si le registre sémantique laisse entrevoir une croyance religieuse traditionnelle, le poète dissipe rapidement cette impression en usant d'ironie dans « Encore Dieu, mais avec des restrictions (« Je l'ai dit, Dieu prête à la critique. / Il n'est pas sobre. Il est débordant, frénétique ») et de véhémence dans « Chant sur le berceau » où il décrit ainsi la réaction du poète veillant sur l'enfant endormi : « S'il voit du Vatican, de Berlin ou de Vienne/ Sortir un guet-apens, une horde, une bible,/ Il se dresse, il n'en faut pas plus pour qu'il devienne/ Terrible. »

Bien sûr, ces thématiques se rencontrent et parfois même se superposent. Elles participent à la dimension lyrique du recueil en venant hanter l'ensemble des textes avec un mélange de grâce et d'obstination, imprégnant presque à son insu l'esprit du lecteur.

ÉCLAIRAGES

UN SIÈCLE DE TUMULTES POLITIQUES

Dans le sillage de la révolution de 1789, le XIXe siècle est le théâtre souvent sanglant de ruptures politiques brutales. La toute jeune république laisse rapidement la place au Premier Empire auquel succèdera dès 1815 la Restauration, qui signe le retour de royauté. En 1830, les émeutes dites des Trois Glorieuses aboutiront à l'installation de la Monarchie de juillet. Puis la Seconde République, remarquable par sa brièveté, cédera le pas au Second Empire qui sera finalement renversé en 1870, date de l'avènement de la Troisième République.

Loin de nuire à la création artistique, les bouleversements incessants, les émeutes, la dureté des conditions de vie et la politique répressive menée notamment sous l'Empire dit autoritaire, constituent un terreau fertile dans lequel germeront de nombreux courants littéraires.

Traversant une vaste partie de ce siècle tourmenté, l'œuvre hugolienne s'affranchit des règles classiques jugées trop étriquées et porte en son sein les grands combats politiques menés par l'écrivain.

LE ROMANTISME : UNE RÉVOLUTION LITTÉRAIRE

En France, l'école romantique se divise en deux groupes baptisés les Cénacles. Réunis en 1820 autour de René de Chateaubriand (écrivain français, 1768-1848) et de Madame de Staël (romancière et philosophe suisse, 1766-1817), plusieurs poètes et artistes parmi lesquels le jeune Victor Hugo se fixent pour objectif d'initier la réforme artistique et littéraire du pays. Placé sous le signe du lyrisme subjectif, ce premier mouvement du romantisme ramène le sentiment personnel, la chrétienté, la patrie et le goût de la nature au cœur de la poésie.

En 1827, Victor Hugo s'autoproclame chef de file de l'école romantique dans *La Préface de Cromwell.* Ce texte fondateur du romantisme français défend notamment le drame en tant que forme théâtrale et se libère des codifications classiques en énonçant un programme de procédés littéraires modernes. Si Lamartine s'éloigne, Alfred de Vigny reste. Théophile Gautier, Alfred de Musset, Sainte-Beuve et d'autres les rejoignent. Ce second mouvement initié par le « Petit Cénacle » entraîne la littérature française vers davantage de naturel et de simplicité.

Cette révolution ne se déroule évidemment pas sans heurt. Une période de lutte acharnée entre classiques et romantiques s'ensuit dont l'un des symboles restera la célèbre bataille d'Hernani. Fervent admirateur du poète, le jeune Théophile Gautier écrira dans son *Histoire du romantisme* : « Tout germait, tout bourgeonnait, tout éclatait à la fois. Des parfums vertigineux se dégageaient des fleurs ; l'air grisait, on était fou de lyrisme et d'art. » (*Histoire du Romantisme suivi de Quarante portraits romantiques*, Folio, collection Folio classique, 2011)

Rédigé bien des années après un tel déchaînement des passions, *L'Art d'être grand-père* continue néanmoins de porter haut les couleurs du romantisme tel qu'il fut défini par Victor Hugo. : on y retrouve par exemple le mélange des genres dramatique et comique, l'évocation du laid et du grotesque, l'éloge du rêve, de longs monologues et des coupes de vers variées.

CRÉATION ARTISTIQUE, ENGAGEMENT POLITIQUE, BLESSURES PERSONNELLES

Il est intéressant d'observer en parallèle l'itinéraire politique tortueux du poète et les métamorphoses stylistiques de son œuvre. En effet, la pensée politique est indissociable de l'œuvre littéraire. Lors d'une séance animée à l'Assemblée nationale, le député Hugo essuie les railleries du comte de Falloux, monarchiste : « Notre vengeur de la démocratie bafouée fut tour à tour : légitimiste ultra à 18 ans, légitimiste modéré à 25 ans, royaliste libéral à 35 ans, orléaniste à 40 ans, conservateur libéral à 45 ans, néo-bonapartiste à 46, centre droit à 47, républicain modéré à 48, républicain tout court et, enfin, démocrate de gauche. »

Ce parcours pour le moins chaotique s'explique d'abord par le contexte familial dans lequel le poète a grandi : tiraillé entre un père bonapartiste et une mère royaliste, le jeune Hugo aura besoin de temps pour forger sa propre conscience politique.

Du point de vue littéraire, *Ode et poésies diverses*, son premier recueil de poésies publié en 1822, le placent à mi-chemin entre le classicisme et le romantisme. Le parti pris du romantisme n'interviendra que quelques années plus tard, comme l'aboutissement d'un processus de maturation analogue au parcours politique.

Enfin, la vie personnelle de Victor Hugo influence fortement sa production littéraire et artistique. Meurtri par une série de drames — Léopoldine, sa fille chérie, se noie dans la Seine en 1843, puis son épouse et ses deux fils disparaissent successivement —, contraint à l'exil, l'écrivain trouvera à chaque fois la force de transcender la souffrance en force créatrice. *Les Contemplations* constituent ainsi un véritable hommage à sa fille disparue.

Publié en 1877, *L'Art d'être grand-père* est un bel exemple de cette gigantesque énergie hugolienne, désormais dédiée à l'avenir des descendants. Toujours en parallèle, Hugo élu sénateur en 1876 continue à militer activement contre la peine de mort, pour l'amnistie des communards, en faveur du progrès, mêlant dans ses combats comme dans ses écrits préoccupations personnelles et considérations universelles.

C'est pourquoi il est essentiel de prendre en compte l'imbrication de la sphère privée et de la sphère publique lorsque l'on aborde l'œuvre de Victor Hugo. Cet éclairage nous permet de décrypter, au-delà des remarques d'ordre stylistique, les grands messages délivrés par ce recueil de la maturité.

CLÉS DE LECTURE

L'INTERTEXTUALITÉ

Pour rappel, l'intertextualité est l'ensemble des relations qu'un texte entretient avec un ou plusieurs autres textes. Ces relations peuvent prendre la forme de références, de citations ou d'allusions.

En convoquant, de manière franche ou détournée, des œuvres et des auteurs antérieurs, Hugo signifie qu'il souhaite perpétuer le travail de ses illustres prédécesseurs et établit un lien de complicité avec son lecteur.

Sans passer en revue les nombreuses incidences intertextuelles, nous nous attarderons sur deux exemples évidents et nous nous efforcerons d'analyser leurs répercussions sur le recueil en lui-même.

La première se situe dans l'un des derniers quatrains composant le poème intitulé « À Georges » : « Nous qui régnons, combien de choses inutiles/ Nous disons, sans savoir le mal que nous faisons ! / Quand la vérité vient, nous lui sommes hostiles,/ Et contre la raison nous avons des raisons. »

Ce dernier vers rappelle évidemment la célèbre formule de Pascal (philosophe français) : « Le cœur a ses raisons que la raison ne connaît point. » (Pensées, Le Livre de Poche, 2000) Même si le sens diffère, son caractère concis et percutant ressemble au style pascalien des Pensées. Loin du plagiat et de l'imitation, Hugo rend hommage aux grands auteurs qui l'ont précédé en s'appropriant leur écriture qu'il se plaît à moderniser.

La deuxième concerne plus généralement les multiples références à la Bible qui émaillent le recueil. Cette présence du sacré s'illustre de manière frappante dans le poème « Jeanne Lapidée », composé à la suite de la lapidation de la maison du poète en Belgique en 1871. Hugo choisit de raconter cet épisode traumatisant à la manière d'un évangile truffé d'allusions à la passion christique : « Morne bourreaux, à nous martyrs vous vous fiez ; / Et nous, les lapidés et les crucifiés,/ Nous absolvons le vil caillou, le clou stupide, ».

Les connotations bibliques jaillissent encore lorsque le poète-énonciateur évoque l'importance du pardon : « Je lui pardonne au nom de mon ange innocent » et un peu plus loin encore : « Nous pardonnons. C'est juste. Ah ! ton fils me lapide,/ Mère, et je te bénis. Et je fais mon devoir. » Utilisant une trame sacrée qui parle aux lecteurs, Hugo revisite la parole biblique pour condamner le clergé et dénoncer le pouvoir des prêtres : « Pauvre mère, ton fils ne sait pas ce qu'il fait. / Quand Dieu germait en lui, le prêtre l'étouffait. »

Au-delà de ces exemples précis, l'intertextualité prend également la forme de clins d'œil nombreux à des auteurs tels que Platon (philosophe de la Grèce antique), Horace (poète latin de la fin du Ier siècle avant J.-C.) Dante (écrivain, poète et penseur italien de la fin du Moyen Âge) (voir « Une tape »), Voltaire (écrivain et philosophe français du XVIIe siècle) (voir « Le Pot cassé, X »), Jean de La Fontaine (poète français du XVIIe siècle) dont les noms apparaissent dans certains vers ou dont le style est perpétué par Hugo.

Ces références ont pour but d'instaurer un dialogue entre le poète et son lecteur, une complicité partagée entre les lignes. Elles participent d'autre part à la vision hugolienne de la littérature, à savoir un ensemble qu'il convient d'animer et de nourrir à travers les époques afin de transmettre son enseignement aux générations futures, incarnées ici par Jeanne et George.

LE LYRISME HUGOLIEN

Stricto sensu, la poésie lyrique exprime des sentiments intimes au moyen de rythmes et d'images propres à communiquer au lecteur l'émotion du poète. La subjectivité (usage immodéré de la première personne), l'exaltation, la passion et l'emportement sont autant de marqueurs de ce genre littéraire.

Un champ thématique élargi

Dans *L'Art d'être grand-père*, le lyrisme hugolien se dévoile dans toute son originalité. Revendiquant la liberté de création, il conserve des thèmes chers aux romantiques (l'amour, la nature, la fuite du temps), mais explore aussi des sujets politiques sensibles en recourant par exemple à la forme épique dans « Victor sed victus » : « Je suis, dans notre temps de chocs et de fureurs,/ Belluaire, et j'ai fait la guerre aux empereurs ; ».

Par cette introduction lapidaire, Hugo revient sur son opposition au coup d'État de Louis-Napoléon Bonaparte qui lui valut de partir en exil. Le sujet reparaît dans « Jeanne endormie. – II » où Hugo, penché sur le berceau de la fillette, se livre à une autocritique pleine d'ironie : « J'ai démoli le Louvre et tué les otages ; / Je fais rêver au peuple on ne sait quels partages ; Paris en flamme envoie à mon front sa rougeur ; / Je suis incendiaire, assassin, égorgeur,/ Avare, et j'eusse été moins sombre et moins sinistre/ Si l'empereur m'avait voulu faire ministre ; »)

En marge du lyrisme romantique classique, la patrie menacée est également au cœur des préoccupations hugoliennes. C'est d'ailleurs le sujet d'ouverture de la dernière section du recueil, « Que les petits liront quand ils seront grands », précisément intitulée « Patrie », une patrie que le poète l'interpelle avec ferveur : « O France, ton malheur m'indigne et m'est sacré,/ Je l'ai dit, et jamais je ne me lasserai/ De le redire, et c'est le grand cri de mon âme,/ Quiconque fait du mal à mon âme est infâme. »

Une prosodie libérée

« J'ai disloqué ce grand niais d'alexandrin », se vantait Hugo. En effet, si l'alexandrin reste le vers de prédilection du poète, ce dernier n'hésite pas à bousculer son rythme en multipliant les coupes, les enjambements et les rejets. On lit ainsi dans « Un manque » : « Tu ne les vois donc pas, vieillard ? Oui, je les vois,/ Tous les deux. Ils sont deux, ils pourraient être trois. », puis un peu plus loin : « Et Jeanne rit de voir George rire ; une reine/ Sur un trône, c'est là Jeanne dans son panier ; / Elle est belle ; et le chêne en parle au marronnier, ». À l'œil comme à l'oreille, l'effet est immédiat : les mots rejetés en début de vers sont mis en valeur, la lecture se fait plus vive, les images jaillissent dans l'esprit du lecteur emporté par ce rythme soutenu.

Cet effet se trouve accentué par la grande variété strophique du recueil qui fait écho à la liberté formelle prônée par Hugo.

Dans *L'Art d'être grand-père*, le poète prend un plaisir évident à jouer avec les sonorités, créant une osmose parfaite entre la forme et le contenu. Dans « Fenêtres ouvertes (Le matin. – En dor-mant) », une succession de phrases courtes, entrecoupées de simples mots, reproduit l'envi-ronnement sonore parfois discordant de la rue : « Grincement d'une faulx qui coupe le gazon. /

Chocs. Rumeurs. Des couvreurs marchent sur la maison. [...] L'eau clapote. On entend haleter un steamer. /Une mouche entre. Souffle immense de la mer. »

Ce mélange de textes emplis de fantaisies stylistiques et de pièces à la structure poétique plus conventionnelle (lire par exemple « À George » et « À Jeanne », deux poèmes comprenant plusieurs strophes composées de quatrains aux rimes croisées) caractérise la singularité du lyrisme hugolien.

L'IMAGE DU POÈTE POLYMORPHE

Ce que l'on pourrait prendre pour un « simple » ensemble de poèmes écrits par un grand-père désireux d'exprimer l'amour qu'il porte à ses petits-enfants revêt en réalité une profondeur et une complexité liées à la personnalité même de Victor Hugo.

Poète et grand-père

Dès l'ouverture de la première section, Hugo lie son activité de poète à son rôle de grand-père et, plus largement, de patriarche au sein de la famille. Il conclut « L'exilé satisfait » par ces deux vers limpides : « C'est à cela que Dieu songeait quand il a mis/ Les poètes auprès des berceaux endormis. » puis se dépeint dans « Jeanne fait son entrée » comme un « bon vieux grand-père » qui « écoute émerveillé. » Les sentiments de l'aïeul s'étalent dans de nombreux poèmes.

Tendresse, bienveillance, indulgence, ébahissement, complicité : Hugo se décrit comme un grand-père subjugué par George et Jeanne (« Ces chers petits ! Je suis grand-père sans mesure ; » dans « Les enfants gâtés »). Au point qu'il regrette amèrement de ne pouvoir satisfaire tous leurs caprices. Ainsi, dans « La lune », la petite Jeanne n'hésite pas à lui soumettre une demande originale : « Veux-tu quelque chose ? Ô, Jeanne, on te le doit ! / Parle. – Alors Jeanne au ciel leva son petit doigt. / – Ça, dit-elle. – C'était l'heure où le soir commence. / Je vis à l'horizon surgir la lune immense. »

Ce double rôle de grand-père et d'ancêtre prend corps dans la partie intitulée « Deux chansons ». S'extirpant de l'intime (« La chanson de grand-père » ressemble à une comptine qu'on entonne volontiers pour danser en famille), il s'achemine vers l'universel dans « La chanson de l'ancêtre » où il rend hommage aux « fiers aïeux » qui l'ont précédé et intime l'ordre aux jeunes générations de poursuivre l'œuvre entamée par ces derniers : « Ils étaient là ; voyez ce hautain promontoire,/ La liberté ; mourir libres fut leur victoire ; / Il faudra, car l'orgie est un lâche bonheur,/ Se remettre à gravir ces pentes escarpées. »

Poète et pédagogue

La transition est naturelle : prenant ses petits-enfants par la main, le grand-père poète les entraîne à sa suite et met à profit chaque instant passé en leur compagnie pour donner des leçons de vie à leurs aînés. On lit ainsi, dans « Les enfants gâtés » : « Je ris quand nous enflons notre colère d'homme/ Pour empêcher l'enfant de cueillir une pomme,/ Et quand nous permettons un faux serment aux rois. / Défends moins tes pommiers et défends mieux tes droits,/ Paysan. »

Hugo investit ouvertement son rôle d'éducateur-citoyen dans la dernière section du recueil, « Que les petits liront quand ils seront grands », délivrant de longs messages à coloration politique.

Poète et guide spirituel

Dans sa postface au recueil, intitulée *Le poète de la « parole brouillée »*, Philippe Di Meo fait observer que « Victor Hugo est passé maître dans l'art d'imposer au public l'image qu'il voulait donner de lui-même. » En effet, à côté de son rôle de pédagogue, le poète s'attribue celui de grand protecteur, dispensateur d'amour et de bienveillance, toujours prompt à accorder son pardon.

Pour ce faire, il se glisse dans la peau de Dieu et s'exprime même en son nom dans « Le pot cassé – X » : « Quoi ! si vous étiez Dieu, vous n'auriez pas d'enfer ? / Presque pas. Vous croyez que je serais bien aise/ De voir mes enfants cuire au fond d'une fournaise ? / Eh bien ! non. Ma foi non ! J'en fais mea-culpa ; / Plutôt que Sabaoth je serais Grand-papa. » Quelques vers plus loin, Hugo confie sa conception de la religion et son idée de Dieu : « Non, retour au vrai Dieu, distinct du Dieu jaloux,/ Retour à la sublime innocence première,/ Retour à la raison, retour à la lumière ! » et conclut tout simplement par : « Si j'étais le bon Dieu, je serais un bon homme. » Et toujours dans « Jeanne fait son entrée » : « Murmure indistinct, vague, obscur, confus, brouillé,/ Dieu, le bon vieux grand-père, écoute émerveillé. »

Entre le poète et le Créateur, le dialogue se poursuit ; les enfants sont un instrument précieux pour celui qui désire communiquer avec Dieu et, par extension, avec l'au-delà : « Prenez garde à ce petit être ; / Il est bien grand. Il contient Dieu. / Les enfants sont, avant de naître,/ Des lumières dans le ciel bleu. » (« Les enfants pauvres »)

LE RECUEIL DE LA MATURITÉ

Victor Hugo a soixante-quinze ans au moment de la parution de *L'Art d'être grand-père.* Les poèmes composant le recueil ont été écrits entre 1855 et 1877. Il a subi des pertes effroyables, connu l'exil, combattu avec ferveur pour les idées qu'il défend et travaillé sans relâche, convaincu du rôle essentiel de l'artiste dans la société (notons au passage les talents de dessinateur de Victor Hugo).

Face à tant de drames personnels, d'autres auraient sombré dans le désespoir. Hugo transforme au contraire sa souffrance en puissance créatrice. L'exil marque le début d'une période de production littéraire intense. L'écriture en tant que thérapie, la poésie comme moyen de raviver les souvenirs, ressusciter les absents.

Les Contemplations, recueil publié en 1856, rendait hommage à sa fille Léopoldine en faisant se côtoyer l'amour, la joie, le souvenir, mais aussi la mort et le deuil. De la même manière, avec *L'Art d'être grand-père*, le poète savoure le plaisir de s'occuper de ses petits-enfants. En quête de bonheurs simples, il prend le temps de jouer, de se promener avec eux. Leur présence est joyeuse et consolatrice : « Cependant l'enfant dort, et, comme si son rêve/Me disait : – Sois tranquille, ô père, et sois clément ! /Je sens sa main presser la sienne doucement. » (Jeanne endormie – II).

Toutefois, la tristesse n'est jamais loin qui rôde : « Je ris ; mais vous voyez sous mon rire mes larmes. /Vieux arbres, n'est-ce pas ? et vous n'avez pas cru/Que j'oublierai jamais le petit disparu. (Allusion au frère aîné de Jeanne et George, mort prématurément).

Chez Victor Hugo, la maturité se traduit par un lyrisme modernisé, forcé de cohabiter avec un sentiment d'apaisement et de sérénité nourri par la certitude que l'aube et le crépuscule ne font qu'un, que la lumière succède à la nuit et que la mort n'est finalement que la continuité de la vie. La fameuse antithèse hugolienne continue de se répandre dans l'ensemble du recueil, mais elle est empreinte de sagesse et d'optimisme.

Ce n'est pas un hasard si dans le poème de clôture (« L'âme à la poursuite du vrai »), Hugo lance d'un air de défi : « La nuit tâche, en sa noire envie,/ D'étouffer le germe de vie,/ De toute-puissance et de jour,/ Mais moi, le croyant de l'aurore,/ Je forcerai bien Dieu d'éclore/ À force de joie et d'amour ! »

PISTES DE RÉFLEXION

QUELQUES QUESTIONS POUR APPROFONDIR SA RÉFLEXION...

- Contradictions, antinomies, antithèses – les poèmes du recueil regorgent de ces figures de style caractéristiques du lyrisme hugolien. Citez les plus récurrentes.
- Quel fil conducteur relie les quatre parties du poème intitulé « Jeanne endormie » ? À votre avis, pourquoi Victor Hugo a-t-il jugé nécessaire de les disperser ?
- La nature, flore et faune confondus, tient une place essentielle dans le recueil. Par quels moyens le poète initie-t-il ses petits-enfants à sa découverte ?
- Les détracteurs de Victor Hugo ont souvent raillé son immodestie et son ego surdimensionné, lui reprochant notamment de se prendre pour Dieu. Dans quels poèmes du recueil ces accès de mégalomanie sont-ils les plus évidents ?
- Si l'on compare « L'épopée du lion » à une fable de La Fontaine, quelle serait la morale de

cette histoire ? Amusez-vous à la rédiger en un quatrain composé d'alexandrins à rimes plates (a-a-b-b).

- En quoi le poème « Lorsque l'enfant paraît », écrit en 1830 après la naissance des trois premiers enfants de Hugo, préfigure-t-il *L'Art d'être grand-père* ? Relevez quelques éléments du champ lexical présents dans les poèmes décrivant les enfants.

- À qui le poème « À des âmes envolées » fait-il plus particulièrement allusion ? Citez un autre texte célèbre dédié à la même personne.

- Selon vous et en vous appuyant sur les vers de « L'exilé satisfait », en quoi la période d'exil vécue par Victor Hugo a-t-elle été bénéfique à l'homme et au poète ?

Votre avis nous intéresse !
Laissez un commentaire sur le site de votre librairie en ligne
et partagez vos coups de cœur sur les réseaux sociaux !

POUR ALLER PLUS LOIN

ÉDITION DE RÉFÉRENCE

- Victor Hugo, *L'Art d'être grand-père*, éditions Mille et une nuits, 1996, 183 p.

ÉTUDES DE RÉFÉRENCE

- Victor Hugo, *Œuvres poétiques – Anthologies*, Le Livre de Poche, collection Classiques, 2001.
- *L'ABCdaire de Victor Hugo*, Flammarion, 2002.
- Jean-François Kahn, *Victor Hugo, Un révolutionnaire* suivi de *L'extraordinaire métamorphose*, Fayard collection Grand Pluriel, 2018.
- Philippe Van Tieghem, *Le romantisme français*, Presses Universitaires de France, collection Que sais-je ?, 1999.
- Sylvain Fort, *Le romantisme*, Flammarion, collection Étonnants Classiques, 2009.
- L'intertextualité dans *L'Art d'être grand-père* de Victor Hugo : de l'évocation du passé à la perspective de l'avenir, groupugo.div.jussieu.fr/groupugo/doc/03-10-18Montanari.pdf

SUR LEPETITLITTÉRAIRE.FR

- Fiche de lecture sur *Les Misérables* de Victor Hugo.
- Fiche de lecture sur *Claude Gueux* de Victor Hugo.
- Fiche de lecture sur *L'Homme qui rit* de Victor Hugo.
- Fiche de lecture sur *Hernani* de Victor Hugo.
- Fiche de lecture sur *Ruy Blas* de Victor Hugo.
- Fiche de lecture sur *Quatrevingt-treize* de Victor Hugo.
- Fiche de lecture sur *Les Contemplations* de Victor Hugo.
- Fiche de lecture sur *Notre-Dame de Paris* de Victor Hugo.
- Fiche de lecture sur *Le Dernier Jour d'un condamné* de Victor Hugo.

Retrouvez notre offre complète sur lePetitLittéraire.fr

- des fiches de lectures
- des commentaires littéraires
- des questionnaires de lecture
- des résumés

ANOUILH
- Antigone

AUSTEN
- Orgueil et Préjugés

BALZAC
- Eugénie Grandet
- Le Père Goriot
- Illusions perdues

BARJAVEL
- La Nuit des temps

BEAUMARCHAIS
- Le Mariage de Figaro

BECKETT
- En attendant Godot

BRETON
- Nadja

CAMUS
- La Peste
- Les Justes
- L'Étranger

CARRÈRE
- Limonov

CÉLINE
- Voyage au bout de la nuit

CERVANTÈS
- Don Quichotte de la Manche

CHATEAUBRIAND
- Mémoires d'outre-tombe

CHODERLOS DE LACLOS
- Les Liaisons dangereuses

CHRÉTIEN DE TROYES
- Yvain ou le Chevalier au lion

CHRISTIE
- Dix Petits Nègres

CLAUDEL
- La Petite Fille de Monsieur Linh
- Le Rapport de Brodeck

COELHO
- L'Alchimiste

CONAN DOYLE
- Le Chien des Baskerville

DAI SIJIE
- Balzac et la Petite Tailleuse chinoise

DE GAULLE
- Mémoires de guerre III. Le Salut. 1944-1946

DE VIGAN
- No et moi

DICKER
- La Vérité sur l'affaire Harry Quebert

DIDEROT
- Supplément au Voyage de Bougainville

DUMAS
- Les Trois
  Mousquetaires

ÉNARD
- Parlez-leur
  de batailles,
  de rois et
  d'éléphants

FERRARI
- Le Sermon sur la
  chute de Rome

FLAUBERT
- Madame Bovary

FRANK
- Journal
  d'Anne Frank

FRED VARGAS
- Pars vite et
  reviens tard

GARY
- La Vie devant soi

GAUDÉ
- La Mort du
  roi Tsongor
- Le Soleil des
  Scorta

GAUTIER
- La Morte
  amoureuse
- Le Capitaine
  Fracasse

GAVALDA
- 35 kilos d'espoir

GIDE
- Les
  Faux-Monnayeurs

GIONO
- Le Grand
  Troupeau
- Le Hussard
  sur le toit

GIRAUDOUX
- La guerre de
  Troie
  n'aura pas lieu

GOLDING
- Sa Majesté des
  Mouches

GRIMBERT
- Un secret

HEMINGWAY
- Le Vieil Homme
  et la Mer

HESSEL
- Indignez-vous !

HOMÈRE
- L'Odyssée

HUGO
- Le Dernier Jour
  d'un condamné
- Les Misérables
- Notre-Dame
  de Paris

HUXLEY
- Le Meilleur
  des mondes

IONESCO
- Rhinocéros
- La Cantatrice
  chauve

JARY
- Ubu roi

JENNI
- L'Art français
  de la guerre

JOFFO
- Un sac de billes

KAFKA
- La Métamorphose

KEROUAC
- Sur la route

KESSEL
- Le Lion

LARSSON
- Millenium I. Les
  hommes qui
  n'aimaient pas
  les femmes

LE CLÉZIO
- Mondo

LEVI
- Si c'est un
  homme

LEVY
- Et si c'était vrai…

MAALOUF
- Léon l'Africain

MALRAUX
- La Condition humaine

MARIVAUX
- La Double Inconstance
- Le Jeu de l'amour et du hasard

MARTINEZ
- Du domaine des murmures

MAUPASSANT
- Boule de suif
- Le Horla
- Une vie

MAURIAC
- Le Nœud de vipères

MAURIAC
- Le Sagouin

MÉRIMÉE
- Tamango
- Colomba

MERLE
- La mort est mon métier

MOLIÈRE
- Le Misanthrope
- L'Avare
- Le Bourgeois gentilhomme

MONTAIGNE
- Essais

MORPURGO
- Le Roi Arthur

MUSSET
- Lorenzaccio

MUSSO
- Que serais-je sans toi ?

NOTHOMB
- Stupeur et Tremblements

ORWELL
- La Ferme des animaux
- 1984

PAGNOL
- La Gloire de mon père

PANCOL
- Les Yeux jaunes des crocodiles

PASCAL
- Pensées

PENNAC
- Au bonheur des ogres

POE
- La Chute de la maison Usher

PROUST
- Du côté de chez Swann

QUENEAU
- Zazie dans le métro

QUIGNARD
- Tous les matins du monde

RABELAIS
- Gargantua

RACINE
- Andromaque
- Britannicus
- Phèdre

ROUSSEAU
- Confessions

ROSTAND
- Cyrano de Bergerac

ROWLING
- Harry Potter à l'école des sorciers

SAINT-EXUPÉRY
- Le Petit Prince
- Vol de nuit

SARTRE
- Huis clos
- La Nausée
- Les Mouches

SCHLINK
- Le Liseur

SCHMITT
- La Part de l'autre
- Oscar et la Dame rose

SEPULVEDA
- Le Vieux qui lisait des romans d'amour

SHAKESPEARE
- Roméo et Juliette

SIMENON
- Le Chien jaune

STEEMAN
- L'Assassin habite au 21

STEINBECK
- Des souris et des hommes

STENDHAL
- Le Rouge et le Noir

STEVENSON
- L'Île au trésor

SÜSKIND
- Le Parfum

TOLSTOÏ
- Anna Karénine

TOURNIER
- Vendredi ou la Vie sauvage

TOUSSAINT
- Fuir

UHLMAN
- L'Ami retrouvé

VERNE
- Le Tour du monde en 80 jours
- Vingt mille lieues sous les mers
- Voyage au centre de la terre

VIAN
- L'Écume des jours

VOLTAIRE
- Candide

WELLS
- La Guerre des mondes

YOURCENAR
- Mémoires d'Hadrien

ZOLA
- Au bonheur des dames
- L'Assommoir
- Germinal

ZWEIG
- Le Joueur d'échecs

L'éditeur veille à la fiabilité des informations publiées, lesquelles ne pourraient toutefois engager sa responsabilité.

© **LePetitLittéraire.fr, 2018. Tous droits réservés.**

www.lepetitlitteraire.fr

ISBN version numérique : 9782808014380
ISBN version papier : 9782808014397
Dépôt légal : D/2018/12603/479

Conception numérique : Primento,
le partenaire numérique des éditeurs.

Ce titre a été réalisé avec le soutien de la Fédération Wallonie-Bruxelles, Service général des Lettres et du Livre.